Quando fala o
CORAÇÃO

Rosana Pulga, fsp

Quando fala o CORAÇÃO
O AMOR DÁ SENTIDO À VIDA

7ª edição – 2011
6ª reimpressão – 2025

Paulinas

Dados Internacionais de Catalogação na Publicação (CIP)
(Câmara Brasileira do Livro, SP, Brasil)

Pulga, Rosana
Quando fala o coração : o amor dá sentido à vida / Rosana Pulga.
– 7. ed. – São Paulo : Paulinas, 2011.

Bibliografia.
ISBN 978-85-356-2942-2

1. Amor 2. Bíblia - Meditações 3. Conduta de vida 4. Espiritualidade 5. Jesus Cristo - Ensinamentos 6. Vida cristã I. Título.

11-12149 CDD-242.2

Índice para catálogo sistemático:

1. Meditações e reflexões diárias: Cristianismo 242.2

Direção-geral: *Flávia Reginatto*
Editora responsável: *Luzia M. de Oliveira Sena*
Assistente de edição: *Andréia Schweitzer*
Coordenação de revisão: *Marina Mendonça*
Revisão: *Ana Cecilia Mari*
Ruth Mitzuie Kluska
Direção de arte: *Irma Cipriani*
Gerente de produção: *Felício Calegaro Neto*
Capa e projeto gráfico: *Cristina Nogueira da Silva*

Citações bíblicas: *Bíblia Sagrada* – tradução da CNBB – 2ª edição – 2002

Nenhuma parte desta obra poderá ser reproduzida ou transmitida por qualquer forma e/ou quaisquer meios (eletrônico ou mecânico, incluindo fotocópia e gravação) ou arquivada em qualquer sistema ou banco de dados sem permissão escrita da Editora. Direitos reservados.

Paulinas

Rua Dona Inácia Uchoa, 62
04110-020 – São Paulo – SP (Brasil)
Tel.: (11) 2125-3500
paulinas.com.br – editora@paulinas.com.br
Telemarketing e SAC: 0800-7010081

© Pia Sociedade Filhas de São Paulo – São Paulo, 2005

*Dedico a você as mensagens
que vão direto ao coração.
Seja feliz!*

Jesus disse:
"Eu sou o caminho,
a verdade e a vida"
(Jo 14,6).
"Vinde a mim todos vós
que estais cansados [...],
e eu vos darei descanso"
(Mt 11,28).

As palavras de Jesus são verdadeiras e fonte de luz e energia para nossa vida cotidiana. Quem não precisa delas? Quem não fica cansado nesse afã diário? Jesus nos convida a assumir o peso que ele nos propõe sobre nossos ombros. Esse fardo, esse peso, constitui o seu único mandamento: "Amar a Deus sobre todas as coisas e ao próximo como a si mesmo. Assim se resume a lei" (cf. Lc 10,25-28).

- Este livro é um pequeno tesouro que você pode carregar consigo e consultá-lo sempre que desejar. É importante que você aceite a sugestão de escolher uma frase e repeti-la em forma de "mantra" muitas vezes durante o dia, até alcançar o que é proposto.

- O pensamento bíblico é retirado do capítulo citado para cada mensagem. À noite, antes de repousar, leia em sua Bíblia todo o capítulo da orientação proposta, assim você conhecerá mais a Palavra de Deus e contextualizará a mensagem vivida durante o dia. Isso também o levará a fazer um pequeno exame de consciência diário. É como se você estivesse tomando um remédio diário a conta-gotas. Desejo que esse momento lhe traga paz! É interessante rezar o salmo após a leitura bíblica.

PONHA ESPERANÇA NO DEUS DA VIDA, AGORA E SEMPRE!
(cf. Sl 131[130])

O salmo 131(130) é o cântico da humildade, não por conveniência, e sim convicção. Como constitui o sentimento do coração sincero, cabe sempre em todo momento da vida. A pessoa humilde abandona-se em Deus sem inquietações. Deposita nele o seu fardo de cada dia e entrega-se na confiança filial. Há pessoas tão humildes, que se assemelham às flores que perfumam as estações do ano.

Hoje repita muitas vezes:
- "Ó Deus, tu amas o coração sincero!"
- Quanto mais me entregar a Deus, mais humilde serei.
- "Jesus manso e humilde, que eu seja semelhante a vós."

Em algum momento do dia ou da noite, reze o salmo 131(130).

Senhor, meu coração está tranquilo
e meu olhar sereno;
não ando atrás de grandezas,
nem de maravilhas superiores
às minhas forças.
Não! Fiz calar e repousar meus desejos
como criancinha
que acabou de ser amamentada,
tranquila no colo da mãe.
Sim, como criancinha
que acabou de ser amamentada,
assim estão em mim meus desejos.

_____ (*seu nome*),
ponha esperança em Deus,
desde agora e para sempre!
(cf. Sl 131[130])

FAÇA-SE A LUZ!
E A LUZ SE FEZ.
DEUS VIU
QUE A LUZ ERA BOA.
(cf. Gn 1)

A luz do amanhecer extasia, traz esperança, firma os passos e ilumina a face dos que caminham na escuridão. Ela brilha no olhar inocente da criança, na esperança do jovem e na meditação do idoso. Bendita seja a luz que dissipa as trevas, que ilumina os relacionamentos e que faz brilhar a verdade! De dia ou à noite, agradeça a Deus pela luz. "Eu sou a luz do mundo. Que a sua luz brilhe diante das pessoas, para que vejam suas obras e o Pai seja glorificado", disse Jesus (cf. Mt 5,14-16).

Hoje repita muitas vezes:
- Bom-dia, luz do dia! Luz dos meus olhos.

- Serei luz, somente luz em todos os meus relacionamentos.
- Longe de mim as trevas da maldade, do erro e do vício.

Em algum momento do dia ou da noite, reze o salmo 119(118),97-105.

Quanto amo a tua vontade, meu Deus!
Passo o dia todo a meditá-la.
Teu mandamento me faz mais sábio
que meus inimigos
e mais esclarecido que os anciãos,
porque observo os teus preceitos.
Desvio meus pés de todo mau caminho,
para observar tua Palavra,
e jamais me afasto de tuas normas,
porque és tu que me ensinas.
Como é doce ao meu paladar tua Palavra,
mais doce que o mel em minha boca.
Tua Palavra é lâmpada para meus pés
e luz para meu caminho!
(cf. Sl 119[118],97-105)

EU O ABENÇÔO E VOCÊ SE TORNARÁ UMA BÊNÇÃO PARA TODOS!
(cf. Gn 12)

A história de Abraão e Sara está ligada à da humanidade. Com eles, surge um povo novo que tem a missão de trazer a bênção de Deus para todas as nações. Eles creram como se enxergassem o invisível – o caminho inicia-se pela fé. Agradeça a Deus a imensa graça de sentir-se abençoado e ser uma bênção para os outros.

Hoje repita muitas vezes:
- Sou uma bênção para todas as pessoas!
- Creio como se enxergasse o invisível.
- Não temo! Deus está comigo.

Em algum momento do dia ou da noite, reze o salmo 8.

Teu nome, Senhor, é tão bonito!
Tu moras no céu, lá nas alturas.
Até criancinhas que ainda são amamentadas
já sabem que vences o inimigo.
Quando olho o céu que tu fizeste,
a lua e as estrelas que criaste,
pergunto-me: Quem é o homem e a mulher
para deles assim te lembrares?
O que é o ser humano para assim o visitares?
Tu os fizeste um pouco menor que um deus,
de honra, glória e beleza os coroaste.
Tu os colocaste à frente
das obras de tuas mãos
e sob teus pés tudo colocaste:
flores das campinas, montanhas,
rios e minérios;
todas as ovelhas e bois,
todos os animais do campo,
as aves do céu e os peixes do mar.
Senhor, nosso Deus, como é poderoso
o teu nome em todo o universo!
(cf. Sl 8)

ABRA A MÃO EM FAVOR DO POBRE NA TERRA ONDE VOCÊ ESTÁ!
(cf. Dt 15)

A sugestão divina é esta: ajude o pobre ou o indigente mais próximo de você. Esse é o seu irmão pobre, o seu indigente. Na medida do possível, auxilie-o em sua necessidade, seguindo o exemplo de Deus. Seja solidário e partilhe, porque é bom ser generoso. Deus abriu generosamente a mão em seu favor. Coloque-se à disposição do próximo, pois a vida só tem sentido ser for vivida fazendo o bem.

Hoje repita muitas vezes:
- Quero ser uma pessoa boa.
- Compartilho o que Deus já partilhou comigo.
- Deus ama a quem doa com alegria.

Em algum momento do dia ou da noite, reze o salmo 119(118),126-135.

Senhor, é tempo de agires, violaram a tua lei.
É por isso que eu amo
os teus mandamentos,
mais que o ouro, mais que o ouro fino,
e me oriento conforme teus preceitos,
desprezando qualquer caminho
que me leve à mentira.
Teus testemunhos são maravilhosos,
e a revelação de tuas palavras ilumina
e dá sabedoria aos simples.
Volta-te para mim e tem misericórdia.
Faze-me justiça, porque amo o teu nome.
Firma meus passos segundo tua promessa
e não deixes que maldade alguma me domine.
Faze brilhar a tua face sobre mim!
Ilumina-me.
Ensina-me a partilhar
e obedecer tua santa vontade.
(cf. Sl 119[118],126-135)

QUE JAVÉ-DEUS LHE MOSTRE SEU ROSTO E LHE CONCEDA PAZ!
(cf. Nm 6)

Na Bíblia, paz significa vida plena. Sempre que a buscamos, para nós e para os outros, fazemos uma experiência com Deus, que ama a vida. Ficamos mais felizes e passamos a enxergar a face de Deus brilhando no rosto dos irmãos. Seja sempre uma pessoa de paz, pois esta nos proporciona alegria de viver e plenifica a vida. Para que haja paz na terra, é fundamental zelar pela vida.

Hoje repita muitas vezes:
- Amo e defendo a vida.
- A vida me traz alegria e paz.
- Sou uma pessoa digna de viver.

Em algum momento do dia ou da noite, reze o salmo 138(137).

Eu te dou graças, Senhor,
de todo o coração!
Canto para ti na presença dos anjos.
Celebro teu nome,
por teu amor e fidelidade,
pois tua promessa supera a tua fama.
Quando eu gritei para ti, tu me atendeste
e aumentaste a força dentro de mim.
Todas as pessoas da terra te celebram,
Senhor, pois elas ouvem as tuas promessas
de vida e paz!
Que elas cantem pelos caminhos:
"Grande é a glória de Deus!".
Tu sempre mostras teu rosto aos simples.
Se ando no meio da angústia,
tu me fazes viver em paz.
Diante dos inimigos, me estendes a mão;
contra a ira do malvado, me salvas.
Tu completarás para mim a sua obra.
Teu amor é para sempre!
(cf. Sl 138[137])

SEJA FIRME E CORAJOSO!
(cf. Js 1)

Todo o livro de Josué é uma lição de coragem e estímulo em favor do bem comum. Deus concede os dons, mas não anula o esforço pessoal, e fornece com sua graça inúmeras possibilidades oferecidas pela vida. Contudo, para conquistar um ideal, é necessário ser firme, forte e corajoso. As oportunidades de sucesso dependem, também, de nossa conquista. Portanto, seja firme e corajoso, vá em frente!

Hoje repita muitas vezes:
- Sou uma pessoa confiante e corajosa!
- Aproveito bem todas as oportunidades.
- Realizo algo para o bem da comunidade.

Em algum momento do dia ou da noite,
reze o salmo 27(26).

O Senhor é minha luz e salvação:
de quem terei medo?
O Senhor é a fortaleza da minha vida:
frente a quem temerei?
Quando os malvados avançam contra mim,
são eles, meus adversários e inimigos,
que tropeçam e caem.
Ainda que um exército venha contra mim,
meu coração não temerá!
Se ferver o combate,
é então que permaneço confiante.
Pois meu Deus me dá abrigo na sua tenda,
esconde-me no segredo de sua mão
e me firma sobre a rocha
no dia da desgraça e da infelicidade.
Agora andarei de cabeça erguida!
Ó minha alma, espere em Deus e sê firme,
fortaleça seu coração e confie sempre nele!
(cf. Sl 27[26])

SENHOR, SEU AMOR VALE MAIS QUE A VIDA!
(cf. Sl 63[62])

Homens e mulheres são seres diferentes que buscam se complementar no amor, que é o sabor da vida, sem o qual tudo se torna árido e insosso. Esse sentimento amplia os horizontes da vida, enche-a de gozo e lhe dá o colorido do arco-íris. Se o amor humano é tão importante para o dinamismo da vida, imagine o que significa o amor divino! Por isso o poeta-salmista nos convida a um cântico de exultação e agradecimento.

Hoje repita muitas vezes:
- O amor me realiza.
- Sou uma pessoa amada, por isso posso amar.
- Deus é amor e nesse sentimento me diz quem é.

Em algum momento do dia ou da noite, reze o salmo 63(62).

Ó Deus, tu és meu Deus; eu te procuro.
Minha alma tem sede de ti
como terra árida, seca e sem água.
Sim, eu te procuro continuamente,
pois teu amor vale mais que a vida.
Por isso meus lábios te glorificam.
Quando deitado em minha cama,
penso em ti nas vigílias noturnas,
pois tu foste meu auxílio
e, à sombra de tuas asas, grito de alegria.
Minha vida está ligada a ti,
teu amor tudo vivifica
e tua mão direita me sustenta.
Os corações retos te glorificam, Senhor,
pois teu amor vale mais que a vida!
(cf. Sl 63[62])

A EMBRIAGUEZ DO AMOR É MAIS DOCE QUE O VINHO!
(cf. Ct 4)

O amor é uma fonte de água viva que jorra da centralidade do ser, dá sentido à vida e a tudo o que fazemos, além de proporcionar o desejo de prosseguir e ser fiel. Há no amor uma realização e uma sensação doce de estremecimento, plenitude e embriaguez. É o melhor sentimento que pode nos acontecer e que transmitimos ao próximo.

Hoje repita muitas vezes:
- O amor dá sentido à minha vida.
- O amor me faz lutar, crescer e ser fiel.
- O amor me torna feliz!

Em algum momento do dia ou da noite,
reze o salmo 45(44).

Do meu coração nasce um belo poema.
Dedico essa obra ao meu rei.
Minha língua é ágil
como a pena de um poeta.
Tu és o mais belo dos homens,
nos teus lábios há muita doçura,
por isso Deus te abençoou para sempre.
Guerreiro, prende a tua espada no teu cinto
e luta em defesa da verdade,
da mansidão e da justiça,
pois tu amas a justiça e odeias a iniquidade.
Deus te consagrou com óleo de alegria.
Mirras e aloés perfumam tuas vestes!
Em pé, à tua direita está a tua rainha,
ornada com brocados e joias finas.
Ouve, ó filha, vê e inclina teu coração:
esquece teu povo e a casa de teu pai;
que agrade ao rei tua beleza.
(cf. Sl 45[44])

O SENHOR É MEU PASTOR, NADA ME FALTA!
Sl 23(22)

O salmo 23(22) é o cântico da acolhida. Na linguagem dos salmos, o peregrino experimenta a hospitalidade de Deus, que o acolhe no seu templo, o defende dos inimigos e lhe restaura as forças, para que continue a caminhada. Essa atitude de Deus é modelo para aqueles que se comprometem com o bem da comunidade. Há pessoas que se assemelham ao óleo, tudo suavizam.

Hoje repita muitas vezes:
- Sinto-me como uma pessoa acolhida e benquista.
- Acolho o outro com o coração.
- "O Senhor é meu Pastor, nada me falta!"

Em algum momento do dia ou da noite, reze o salmo 23(22).

O Senhor é meu pastor, nada me falta.
Em verdes pastagens me faz repousar,
a águas tranquilas me conduz.
Restaura minhas forças
e me guia pelo caminho certo,
por amor do seu nome.
Se eu tiver de andar por vale escuro,
não temerei mal nenhum,
pois comigo estás.
Teu cajado me dá segurança
e me deixa tranquilo.
Tu preparas uma festa para mim,
bem diante de meus inimigos;
unges com óleo minha cabeça,
e minha taça transborda.
Sim, felicidade e amor me acompanham.
Vou morar na casa do Senhor
até o fim da vida!
(cf. Sl 23[22])

O SENHOR AMA O CORAÇÃO SINCERO!
(cf. Sl 51[50])

A sinceridade é o sorriso do coração. Quando sentimentos negativos se apoderam de alguém, os positivos são reprimidos e o bom relacionamento é destruído. O coração sincero desfruta boa convivência com os demais, além de permanecer sempre feliz e não temer ser surpreendido pela falsidade. A sinceridade atrai boas amizades.

Hoje repita muitas vezes:
- Valorizo a sinceridade.
- A sinceridade faz bem a mim e aos outros.
- Cultivo sentimentos positivos.

Em algum momento do dia ou da noite, reze o salmo 51(50).

Ó Deus, tem piedade de mim,
conforme a tua misericórdia;
no teu grande amor apaga o meu pecado.
Lava-me de toda a minha culpa.
Contra ti, só contra ti eu pequei
e fiz o que é mal a teus olhos.
Mas tu amas o coração sincero
e no íntimo ensinas a sabedoria.
Purifica-me
e ficarei mais branco que a neve.
Ó Deus, cria em mim um coração puro
e renova um espírito firme em meu peito.
Devolve-me a alegria de ser salvo,
e ensinarei teus caminhos aos que erram,
para que se voltem para ti.
Sacrifício para Deus é um espírito contrito!
Não desprezas, ó Deus, um coração
humilde e sincero.
(cf. Sl 51[50])

QUEM ENCONTROU UM AMIGO, ENCONTROU UM TESOURO!
(cf. Eclo 6)

A amizade é um tesouro! Amigo é para toda hora e para todo sempre. É gratificante partilhar nossas experiências com o próximo. Por isso amigo é aquele que sabe ouvir e respeitar. Cultive sempre boas amizades. Por representar a presença de Deus em nossa vida, o amigo nos ajuda a crescer e permanecer fiéis a nós mesmos. Como é bom ter amigos! Melhor ainda, ser amigo.

Hoje repita muitas vezes:
- Sou amigo(a) das pessoas.
- Gosto de ajudar as pessoas a se sentirem bem.
- Alimento amizades profundas e leais.

Em algum momento do dia ou da noite, reze o salmo 91(90).

Tu que moras à sombra do Onipotente,
dize ao Senhor:
"Meu refúgio, minha fortaleza,
meu Deus em quem confio".
Ele te livrará do laço do caçador,
ele te cobrirá com suas penas,
sob suas asas estarás seguro.
Sua fidelidade te servirá de proteção,
pois fizeste do Altíssimo tua morada.
Ninguém poderá te fazer mal,
porque ele ordenou aos anjos
que te guardem em todos os teus passos.
"Eu o salvarei, porque a mim se confiou;
eu o exaltarei, pois conhece meu nome.
Ele me invocará, e eu lhe responderei;
estarei perto dele na desventura.
Vou saciá-lo com longos dias
e lhe mostrarei minha salvação".
(cf. Sl 91[90])

HONRE SEUS PAIS, POIS SÃO A RAIZ DE SUA VIDA!
(cf. Ex 20)

Os pais são a fonte da vida na terra. A Bíblia aconselha o respeito saudável e verdadeiro para com aqueles a quem devemos a vida. Pessoas felizes são aquelas que aprenderam a amar e honrar os pais. Apesar das adversidades, trate-os com carinho, e sua vida se prolongará na alegria e na paz. Eles são a base da formação da personalidade dos filhos.

Hoje repita muitas vezes:
- Sinto enorme gratidão por meus pais.
- Agora deixo de lado os ressentimentos e as mágoas.
- Amo e trato com carinho meus pais. Honro o nome deles!

Em algum momento do dia ou da noite, reze o salmo 103(102).

Minha alma, bendize o Senhor
e tudo o que há em mim, o seu santo nome!
Minha alma, bendize o Senhor,
e não esqueças nenhum de seus benefícios!
É ele quem perdoa todas as tuas culpas
e cura todos os teus males.
É ele quem salva tua vida
e te coroa com sua bondade.
Como um pai se compadece dos filhos,
o Senhor se compadece dos que o temem.
Ele conhece nossa estrutura
e sabe que não somos mais que pó.
Minha alma, bendize o Senhor,
e não esqueças nenhum de seus benefícios!
(cf. Sl 103[102])

O SENHOR ME DEU UM CORPO E ME TECEU NO SEIO MATERNO!
(cf. Sl 139[138])

O corpo é a habitação do Espírito. Está sempre falando, por isso é necessário aprender a ouvi-lo. Aceite-o como uma dádiva; dessa forma, você terá saúde, alegria e bem-estar. Em razão de ser sagrado, é importante cuidar do próprio corpo e respeitar o do outro.

Hoje repita muitas vezes:
- O corpo merece respeito.
- Meu corpo é uma dádiva divina. Aceito-o como é.
- Cuido do corpo para mantê-lo saudável.

Em algum momento do dia ou da noite, reze o salmo 139(138).

Senhor, tu me sondas e me conheces.
Penetras de longe meus pensamentos,
pelas costas e pela frente me envolves
e conheces todas as minhas trilhas.
Para onde irei longe do teu espírito?
Foste tu que criaste minhas entranhas
e me teceste no seio de minha mãe.
Eu te louvo por tal prodígio!
Quando eu estava sendo formado
em segredo, tu já conhecias meus ossos.
Ainda embrião, teus olhos me viram
e tudo estava escrito no livro da vida.
Senhor, tu me conheces por inteiro!
Sonda-me, ó Deus, conhece meu coração!
Examina minhas preocupações!
Vê se não ando por um caminho tortuoso
e conduze-me pelo caminho eterno.
(cf. Sl 139[138])

SEI QUE VEREI A DEUS COM MEUS PRÓPRIOS OLHOS!
(cf. Jó 19)

A morte é um grande mistério! Por mais difícil e cruel que possa parecer, ela não abate a pessoa de fé, pois representa um novo amanhecer. Sua aurora a ilumina para a esperança de que sua vida não termina, apenas vai além dos limites terrenos. Por isso é importante que se inicie hoje, agora, uma mudança na maneira de encarar a morte. Jesus, o Cristo, ultrapassou o mistério da morte e inaugurou o da vida plena. Confie a ele a hora de sua morte.

Hoje repita muitas vezes:
- Pela fé, liberto-me do medo da morte.
- Sei que verei a Deus com os próprios olhos.
- Deus está comigo, jamais temerei.

Em algum momento do dia ou da noite, reze o salmo 90(89).

Senhor, foste um refúgio para nós,
de geração em geração.
Desde sempre e para sempre tu és, Deus!
Fazes o ser humano voltar ao pó dizendo:
"Voltai, filhos de Adão!".
A teus olhos, mil anos
são como o dia de ontem que passou;
como a erva que brota de manhã
e de tarde murcha e seca.
Nossos dias passam como um sopro!
Nossos anos de vida são setenta,
oitenta para os mais fortes,
mas a maior parte são fadiga e sofrimento.
Ensina-nos a viver bem nossos dias
e assim teremos vida digna.
Que tua bondade nos envolva,
Senhor Deus,
para que nós, teus filhos,
contemplemos tua glória.
(cf. Sl 90[89])

COMO SÃO BELOS OS PÉS DO MENSAGEIRO QUE TRAZ A PAZ!
(cf. Is 52)

A paz é o fruto saboroso da justiça. As pessoas honestas, justas e verdadeiras transmitem constantemente mensagens positivas. Seja sempre uma pessoa de paz. Onde quer que você esteja, espalhe sementes de justiça. Os frutos de paz virão no devido tempo. É verdade que nem sempre podemos sorrir, mas sempre estar em paz. Leve a paz! Seja "bendito mensageiro da paz".

Hoje repita muitas vezes:
- Sou uma pessoa de paz.
- Liberto-me do medo de praticar a justiça.
- Serei como óleo, que tudo suaviza.

Em algum momento do dia ou da noite, reze o salmo 128(127).

Feliz quem teme o Senhor
e segue seus caminhos.
Viverás do trabalho de tuas mãos,
feliz e satisfeito.
Assim será abençoada a pessoa
que respeita o Senhor,
que pratica a justiça,
que semeia a paz.
O Senhor te abençoe
para que possas ser feliz
todos os dias de tua vida.
Paz sobre teus filhos e filhas!
Paz sobre Israel, sobre ti e sobre mim!
(cf. Sl 128[127])

MAIS VALE POUCO COM JUSTIÇA, DO QUE MUITO VIOLANDO O DIREITO!
(cf. Pr 16)

De que adiantaria ganhar milhões e perder a dignidade de filho de Deus? Conscientize-se e utilize essa energia especial que há em você para ganhar dignamente o pão de cada dia e ainda sobrará para ajudar o mais necessitado. Respeite sempre o semelhante, não tire nada dele para seu proveito. "Quem dá ao pobre empresta a Deus!"

Hoje repita muitas vezes:
- Confio a Deus tudo o que faço.
- A consciência tranqüila vale mais que milhões em ouro.
- A integridade me faz uma pessoa feliz e realizada.

Em algum momento do dia ou da noite, reze o salmo 41(40).

Feliz a pessoa que cuida do fraco,
no dia da desgraça o Senhor a ajudará.
O Senhor velará sobre ela
e a fará feliz sobre a terra.
O Senhor a sustentará no leito de dor
e lhe dará alívio na sua doença.
Ainda que pensem mal dizendo:
"O Senhor a castigou, o Senhor a provou!",
tu, Senhor, pela sua integridade a sustentas
e a fazes ficar firme na tua presença.
Seja bendito o Senhor, Deus de Israel,
agora e por todo o sempre! Amém, amém.
(cf. Sl 41[40])

DEUS ESTARÁ COM VOCÊ AONDE QUER QUE VOCÊ VÁ!
(cf. Js 1)

Deus nunca se ausenta! Nos momentos mais difíceis, ele nos carrega em seus braços. Na Bíblia, essa certeza faz o povo enfrentar as maiores dificuldades. A confiança no poder de Deus é transmitida de geração em geração. Como é bom ouvir: "Meu filho, minha filha, vá com Deus!". Passe adiante essa confiança.

Hoje repita muitas vezes:
- Eu me entrego nas mãos de Deus!
- O supremo poder me protege.
- Nada pode abalar-me, pois ele me carrega nos braços.

Em algum momento do dia ou da noite, reze o salmo 34(33).

Bendirei o Senhor em todo o tempo,
seu louvor estará sempre em minha boca.
Eu me alegro no Senhor!
Ouçam os humildes e se alegrem.
Celebrai comigo o Senhor,
exaltemos juntos o seu nome.
Invoquei o Senhor e ele me respondeu,
De todo medo, ele me livrou.
Olhai para ele e ficareis radiantes,
vosso rosto não ficará envergonhado.
O anjo do Senhor está sempre perto
dos que o temem para defendê-los.
Provai e vede como o Senhor é bom;
feliz quem nele se abriga!
(cf. Sl 34[33])

SENHOR, DÊ-ME DESSA ÁGUA PARA QUE EU NÃO TENHA MAIS SEDE.
(cf. Jo 4)

De onde nasce o desejo? De onde nascem os sonhos? Desejamos o bem, o bom e o belo. Nesse caso, eles se tornam uma afirmação, uma realização de nossa personalidade. Outras vezes, podem expressar carência, ausência, necessidade... "Para que eu não tenha mais sede." Às vezes, o desejo e o sonho não são meus, mas sim dos pais, do meu ídolo ou do outro. Dessa forma, podem tornar-se uma escravidão.

Hoje repita muitas vezes:
- Eu sou o que desejo ser.
- O que a vida deseja de mim?
- Com a ajuda de Deus, traço minha trajetória.

Em algum momento do dia ou da noite, reze o salmo 33(32).

Exultai, justos, no Senhor,
que merece o louvor dos que são bons.
Louvai o Senhor com a cítara,
com a harpa de dez cordas cantai-lhe.
Cantai-lhe um cântico novo,
Tocai a cítara com arte, bradai.
Pois sincera é a palavra do Senhor
e fiel toda a sua obra.
Ele ama o direito e a justiça,
da sua bondade a terra está cheia.
Pela palavra do Senhor foram feitos os céus,
pelo sopro de sua boca tudo
quanto os enfeita.
Sl 33(32)

O AMOR É PACIENTE, NÃO GUARDA RANCOR.
(cf. 1Cor 13)

Cada um de nós convive continuamente com os próprios limites e com os dos outros. Isso exige abertura do coração para não guardar ódio ou rancor. Lembre que o perdão dissolve ressentimentos e até cura doenças. A benevolência e o sorriso devolvem o brilho a um semblante triste. Coloque-se à disposição das pessoas. Seja paciente, como Deus é com você.

Hoje repita muitas vezes:
- Liberto-me de qualquer ressentimento.
- Evito estressar-me inutilmente.
- Construo relacionamentos saudáveis.

Em algum momento do dia ou da noite, reze 1 Coríntios 13.

Ainda que eu falasse as línguas
dos homens e dos anjos,
se não tivesse amor,
eu seria como um bronze que soa
ou um sino que retine.
O amor é paciente e amável;
não se irrita, não guarda rancor.
Não é invejoso,
nem se alegra com a injustiça,
mas vibra com a verdade.
Tudo desculpa, tudo crê, tudo espera,
tudo suporta.
O amor jamais acabará!
Agora permanecem estas três virtudes:
fé, esperança, amor.
Porém, a maior delas é o amor.
(cf. 1Cor 13)

TUDO POSSO NAQUELE QUE ME FORTALECE!
(cf. Fl 4)

Seja qual for a situação em que você se encontra, não desanime. Há sempre uma janela aberta para o céu. Você carrega em si uma enorme força interior, que o torna capaz de transpor qualquer dificuldade. Confie em Deus, na vida e em você. Busque sempre as motivações no íntimo de seu ser. O poder está dentro de você. Descubra-o!

Hoje repita muitas vezes:
- Confio em mim. Vou além de minhas limitações.
- Conheço a força que existe em mim.
- O mal não pode vencer o bem.

Em algum momento do dia ou da noite, reze o salmo 140(139).

Senhor, salva-me dos perversos,
defende-me dos violentos.
Eles planejam o mal em seu coração
e provocam brigas todos os dias.
Senhor, defende-me das mãos dos injustos,
eles intencionam me desestruturar
colocando armadilhas no meu caminho.
Mas eu digo: "Tu és meu Deus,
meu canto e minha força".
Tu me proteges no dia da batalha.
Sei que Deus faz justiça aos pobres
e defende o direito dos fracos e excluídos.
Os justos louvarão o teu nome,
e os retos viverão na tua presença.
(cf. Sl 140[139])

ESQUECENDO-ME
DO QUE FICA PARA TRÁS,
LANÇO-ME PARA A FRENTE!
(cf. Fl 3)

São Paulo deixou tudo pela causa de Cristo: acolheu a novidade do Evangelho e abraçou o novo caminho. Depois dele, muitos homens e mulheres fizeram o mesmo. Aqui fica o convite para que você também se liberte de tudo o que atrapalha sua alegria de viver. Abra-se para o novo. Reorganize sua vida.

Hoje repita muitas vezes:
- Estou sempre com disponibilidade para recomeçar.
- Liberto-me de tudo que me atrapalha.
- Mereço ser feliz.

Em algum momento do dia ou da noite, reze o salmo 25(24).

O Senhor se faz íntimo de quem o teme,
e dá-lhe a conhecer seu amor.
Tenho sempre o olhar fixo no Senhor,
pois ele livra do tropeço o meu pé.
Volta-te para mim, Senhor,
e tem misericórdia,
porque estou só e infeliz.
Alivia as angústias do meu coração,
livra-me de todas as aflições.
Dá-me a conhecer os teus caminhos,
pois sob tua proteção não ficarei desiludido.
A integridade e a retidão me protejam,
porque em ti confiei.
(cf. Sl 25[24])

VINDE A MIM TODOS VÓS QUE ESTAIS CANSADOS, EU VOS ALIVIAREI A FADIGA!
(cf. Mt 11)

A sociedade secularizada e consumista impõe fardos pesados às pessoas de maneira desigual. Jesus, em sua extrema misericórdia, nos faz um carinhoso convite: "Vinde a mim! Eu sou o Caminho, a Verdade e a Vida. Sou manso e humilde. Sou a luz do mundo. Sou ressurreição e descanso. Meu fardo é leve". Como não aceitar esse convite?

Hoje repita muitas vezes:
- Confio na promessa de Jesus!
- Busco o essencial para uma vida digna.
- Sou uma pessoa sensata.

Em algum momento do dia ou da noite, reze Mateus 11,27-30.

Tudo me foi entregue por meu Pai,
e ninguém conhece o Filho, senão o Pai,
e ninguém conhece o Pai senão o Filho
e aquele a quem o Filho o quiser revelar.
Vinde a mim, todos vós que estais cansados
e carregados de fardos,
e eu vos darei descanso.
Tomai sobre vós o meu jugo e
sede discípulos meus,
porque sou manso e humilde de coração,
e encontrareis descanso para vós.
Pois o meu jugo é suave, e meu fardo é leve.
(cf. Mt 11,27-30)

O ESPÍRITO INTERCEDE POR NÓS, CONFORME A VONTADE DE DEUS.
(cf. Rm 8)

O Espírito Santo é o poder, a sabedoria, a ciência e o discernimento de Deus. Quando oramos, ele apresenta ao Pai nossos pedidos. Ninguém mais do que o Espírito conhece nossas verdadeiras necessidades. Ele mesmo intercede por nós em conformidade com a vontade divina. Deixe que o Espírito Santo ore em você e apresente a Deus suas necessidades.

Hoje repita muitas vezes:
- Venha Espírito Santo, venha e não demore.
- Eu me atenho ao Espírito, que ora em mim e por mim.
- O Espírito de Deus está sobre mim!

Em algum momento do dia ou da noite, reze o salmo 143(142).

Senhor, ouve a minha oração,
fica atento à minha súplica,
tu que és fiel,
e pela tua justiça responde-me.
A ti ergo minhas mãos em prece
e, como terra seca, anseio por ti.
Responde-me logo, Senhor,
pois minha alma desfalece.
Não me escondas teu rosto!
Pela manhã faze-me sentir tua bondade,
conforta-me no caminho que devo seguir
e afasta de mim meus inimigos,
pois em ti está meu refúgio.
Que o teu bom espírito sempre me guie
e me ajude a conseguir uma vida renovada.
Senhor, ensina-me a cumprir tua vontade.
(cf. Sl 143[142])

NÃO SE CANSE DE FAZER O BEM!
(cf. Gl 6)

O amor nasce da liberdade interior, e a gratuidade é o heroísmo de uma vontade generosa. Muitos se cansam de fazer o bem quando seu trabalho não é valorizado. Jesus passou sobre a terra fazendo o bem e morreu na cruz. São Paulo nos aconselha a perseverar e ser solidários, pois a seu tempo colheremos os frutos. Não se prenda à vã glória e faça o bem a todas as pessoas, sem distinção.

Hoje repita muitas vezes:
- Ouço minha voz interior.
- Faço o bem sem olhar a quem.
- Busco sempre a glória de Deus e o bem das pessoas!

Em algum momento do dia ou da noite, reze o salmo 37(36).

Não te irrites por causa dos maus
nem invejes os malfeitores.
Pois, como o capim, vão ser logo cortados,
e, como o mato verde, vão secar.
Espera no Senhor e faze o bem:
a seu tempo dará frutos.
Põe no Senhor o teu futuro
e tenha confiança, que ele vai agir.
Ele fará brilhar como luz tua justiça
e o bem que tu fizeste
como o sol do meio-dia.
Descansa no Senhor e espera nele.
(cf. Sl 37[36],1-7)

EU NUNCA REJEITAREI AQUELE QUE VEM A MIM!
(cf. Jo 6)

Deus nunca rejeita a pessoa que se dirige a ele. Jesus apresenta Deus como o mais misericordioso dos pais e a mais carinhosa das mães. Por maior que seja a situação de miséria e pecado, se você se entregar a Jesus na confiança filial, será plenamente integrado na vida divina. Essa é a missão de Jesus. Tenha confiança, ele venceu o mundo!

Hoje repita muitas vezes:
- Sei em quem depositei minha confiança!
- Eu me atenho aos apelos de Deus.
- Liberto-me do medo da rejeição.

Em algum momento do dia ou da noite,
reze o salmo 12(11).

Socorro, Senhor!
Os bons estão acabando,
a lealdade está sumindo entre as pessoas.
Falam mentiras uns aos outros,
usam linguagem enganadora,
de coração hipócrita.
O Senhor fechará a boca mentirosa
e a língua de fala arrogante.
"Por causa da miséria dos pobres
e do gemido dos necessitados,
agora me levanto" – diz o Senhor;
"levarei a salvação a quem a deseja".
A Palavra do Senhor é sincera.
Tu, Senhor, nos proteges,
e acolhes no teu amor
os que se voltam a ti.
(cf. Sl 12[11])

O REINO DE DEUS ESTÁ PERTO DE VOCÊ!
(cf. Lc 10)

A verdadeira alegria é experimentar na própria vida a realidade do Reino de Deus, que, como São Paulo disse, não é comida nem bebida. É justiça, honestidade, paz, misericórdia, perdão e solidariedade. É o bem! Só os humildes e os desprovidos de ambição conseguem perceber onde está o Reino de Deus. Abra-se sem medidas para que aconteça o Reino de Deus na terra.

Hoje repito muitas vezes:
- O Reino de Deus está dentro de mim.
- Trabalho com alegria para que venha a nós o Reino de Deus.
- Sou uma pessoa honesta.

Em algum momento do dia ou da noite, reze o pai-nosso.

Pai nosso, que estás nos céus,
santificado seja o teu nome,
venha o teu Reino;
seja feita a tua vontade,
assim na terra como no céu.
O pão nosso de cada dia nos dá hoje.
Perdoa-nos as nossas ofensas,
assim como nós perdoamos
a quem nos tem ofendido;
e não nos deixes cair em tentação,
mas livra-nos do mal,
pois teu é o Reino, o poder e a glória
para sempre. Amém.
(Pai-nosso – versão ecumênica)

O SENHOR NOS CONSOLA EM TODAS AS NOSSAS TRIBULAÇÕES!
(cf. 1Cor 1)

Deus é Pai bondoso e paciente. Consola-nos em todas as nossas tribulações e sabe que somos feitos de argila. Os revezes da vida são consequência de nossa fragilidade ou de circunstâncias que não dependem apenas de nós. Afaste de si o medo e o desânimo. Enxugue as lágrimas dos outros, assim como Deus faz com você.

Hoje repita muitas vezes:
- Deus sempre me perdoa.
- Deus me consola nas tribulações.
- Gosto de aliviar o sofrimento das pessoas.

Em algum momento do dia ou da noite, reze o salmo 126(125).

Quando Deus mudou nossa sorte,
parecia-nos um sonho.
Nossa boca transbordava de sorrisos
e nossa língua cantava de alegria.
Então, todos comentavam:
"O Senhor fez maravilhas por eles".
Sim, o Senhor encheu de alegria nossa vida!
Quem semeia entre lágrimas
colherá com alegria.
Quando lança as sementes, vai chorando,
mas quando volta, vem alegre com os feixes.
(cf. Sl 126[125])

QUEM PRATICA A VERDADE SE APROXIMA DA LUZ!
(Cf. Jo 3)

Só Jesus é a verdade! Aja sempre de acordo com o que sua consciência lhe sugere como verdadeiro ou com o que lhe foi ensinado. Tenha respeito pela verdade do outro. Não é necessário impor a verdade, basta iluminá-la. Ao agir assim, você se aproximará da luz que ilumina as várias faces do diamante – Deus.

Hoje repita muitas vezes:
- Quem ama a verdade adormece tranquilo.
- A verdade não se impõe, ilumina-se.
- Respeito a verdade do outro.

Em algum momento do dia ou da noite, reze o salmo 15(14).

Senhor, quem entrará no santuário
para te louvar?
Aquele que tem as mãos limpas
e o coração puro, que é humilde
e sabe amar.
Dá-me mãos limpas e coração puro.
Arranca-me a vaidade e ensina-me a amar.
Senhor, já posso entrar no santuário
para te louvar.
Fizeste brilhar sobre mim
a luz da tua face e da tua verdade.
(cf. Sl 15[14])

SE ALGUÉM ME AMA, TOME SUA CRUZ E SIGA-ME!
(cf. Mc 8)

O seguimento de Jesus exige renúncia e doação. Para não se esquecer de que neste mundo tudo passa, algumas vezes o sofrimento, o qual é dádiva divina que nos conserva no bom caminho, visita você. A cruz são os desafios da vida, que, ao serem enfrentados, nos proporcionam crescimento. Jesus transformou a cruz em ressurreição e vitória.

Hoje repita muitas vezes:
- Deus me ama e me protege.
- Enfrento os desafios com fé e coragem.
- Proponho-me a visitar alguém que sofre.

Em algum momento do dia ou da noite,
reze o salmo 42(41).

Como a corça deseja águas correntes,
assim a minha alma anseia por ti, ó Deus.
A minha alma tem sede de Deus,
do Deus vivo:
quando hei de ver a face de Deus?
As lágrimas são meu pão dia e noite,
enquanto me perguntam o dia inteiro:
"Onde está o teu Deus?".
Até o amigo em quem confiava,
aquele que comia comigo,
levantou contra mim o calcanhar.
Mas tu, Senhor, tem piedade e ergue-me,
pela minha integridade sustenta-me
e faze-me ficar em pé na tua presença.
Bendito sejas, Senhor, meu Deus,
tu me confortas em todo o meu penar.
(cf. Sl 42[41])

FILHO, SEUS PECADOS ESTÃO PERDOADOS!
(cf. Mc 2)

Como é bom saber que nossos pecados foram perdoados! A ação de Jesus é sempre completa: quando ele perdoa, também cura. Ele vai direto à raiz: a origem do mal. O pecado causa infelicidade, e a falta de perdão gera violência. Conheça o poder de ser perdoado e perdoar. Tenha paciência e seja uma pessoa misericordiosa com as atitudes do próximo, assim como Deus é paciente e misericordioso com você.

Hoje repita muitas vezes:
- Eu creio no perdão de Deus.
- Sou uma pessoa que perdoa e recebe perdão.
- Jesus, cura-me!

Em algum momento do dia ou da noite, reze o salmo 38(37).

Senhor, não me castigues no teu furor,
usa de misericórdia,
pois sobre mim pesa tua mão.
Tudo mudou em mim por causa
do meu pecado.
Minhas transgressões são numerosas e,
como carga pesada, me oprimem.
Senhor, meu Deus, não me abandones,
não fiques longe de mim.
Vem depressa, meu Salvador,
perdoa meu pecado e minhas transgressões.
Só tu és minha esperança, Senhor,
meu Deus.
(cf. Sl 38[37])

MINHA ALMA PROCLAMA AS GRANDEZAS DO SENHOR!
(cf. Lc 1)

O cântico de Maria é a expressão mais real e verdadeira das pessoas carentes amadas por Deus. Maria reconhece que, em sua pequenez, Deus realizou e exaltou sua promessa. Ele irrompe na história de maneira sempre nova por meio dos mais necessitados. Em sua grande compaixão, solidariza-se com os injustiçados e excluídos. No cântico do *Magnificat*, a Bíblia nos demonstra a fidelidade divina.

Hoje repita muitas vezes:
- Confio na solidariedade de Deus.
- Deus é fiel, cumpre o que diz.
- Gosto de praticar a solidariedade com os pobres.

Em algum momento do dia ou da noite,
reze Lucas 1,47-55.

Minha alma engrandece o Senhor,
meu espírito se alegra em Deus,
meu Salvador,
porque ele olhou
para a humilhação de sua serva.
De agora em diante,
todas as gerações me chamarão feliz,
porque o Todo-poderoso
fez por mim coisas grandiosas.
O seu nome é Santo,
e sua misericórdia se estende,
de geração em geração,
sobre aqueles que o temem.
Ele mostrou a força de seu braço:
dispersou os que tinham planos orgulhosos
em seu coração.
Derrubou os poderosos
de seus tronos e exaltou os humildes.
Encheu de bens os famintos e mandou
embora os ricos de mãos vazias.

Acolheu Israel, seu servo,
lembrando-se de sua misericórdia,
conforme prometera a nossos pais,
em favor de Abraão
e de sua descendência para sempre.
(cf. Lc 1,47-55)

Rua Dona Inácia Uchoa, 62
04110-020 – São Paulo – SP (Brasil)
Tel.: (11) 2125-3500
paulinas.com.br – editora@paulinas.com.br
Telemarketing e SAC: 0800-7010081